Doris Arend · Heidemarie Brosche
Katja Königsberg · Silke Voigt

Das rabenstarke Geschichtenbuch zum Lesenlernen

Mit Bildern von
Susanne Schulte und Silke Voigt

Ravensburger Buchverlag

Bibliografische Information Der Deutschen Nationalbibliothek:

Die Deutsche Nationalbibliothek verzeichnet diese Publikation
in der Deutschen Nationalbibliografie.
Detaillierte bibliografische Daten sind im Internet
über **http://dnb.d-nb.de** abrufbar.

4 5 6 7 8   16 15 14 13

Ravensburger Leserabe – Sonderausgabe
Diese Ausgabe enthält die Bände
„Pfui, Fisch! Igitt!" von Doris Arend,
mit Illustrationen von Susanne Schulte,
„Der Frosch auf dem Fahrrad" von Katja Königsberg,
mit Illustrationen von Susanne Schulte,
„Der Zauberer aus Badeschaum" von Heidemarie Brosche,
mit Illustrationen von Silke Voigt und
„Der kleine Tiger findet einen Freund" von Silke Voigt,
mit Illustrationen von der Autorin.
© 2000 und 2003 für die Einzelbände und
© 2007 und 2010 für die Sonderausgaben
Ravensburger Buchverlag Otto Maier GmbH
Umschlagbild: Heribert Schulmeyer
Umschlagkonzeption: Sabine Reddig
Redaktion: Sabine Schuler
Printed in Germany
ISBN 978-3-473-36230-1

www.ravensburger.de
www.leserabe.de

Inhalt

Doris Arend
Pfui, Fisch! Igitt!
Seite 5

Katja Königsberg
Der Frosch auf dem Fahrrad
Seite 47

Heidemarie Brosche
Der Zauberer aus Badeschaum
Seite 91

Silke Voigt
Der kleine Tiger findet einen Freund
Seite 133

Doris Arend

Pfui, Fisch! Igitt!
Eine Piratengeschichte

Mit Bildern
von Susanne Schulte

Das ist der kleine Pirat .

Der kleine wurde

auf dem ~~~ geboren.

Er lebt

auf einem .

An geht er nie.

Der kleine

hat eine .

An seiner

hängt ein riesiger

und auf seiner

sitzt ein bunter .

überfallen

normalerweise ,

weil sie und wollen.

Der kleine ist anders.

Er will kein .

Er will auch keinen .

Er will nur etwas zu essen.

Denn der kleine

ist immer hungrig.

Heute scheint die .

Der kleine

liegt faul

in seiner grünen .

Er träumt von:

einer ,

so groß wie sein ,

einem ,

so rund wie sein ,

und einer ,

so dick wie sein .

Da entdeckt der kleine

durch sein

ein .

Er springt aus seiner .

„Stopp!",

ruft der kleine .

„Ich hätte gern eine ."

Und dann sagt er noch:

„Bitte!"

Er ist nämlich

ein höflicher .

Die

auf dem anderen

hören gar nicht,

was der kleine sagt.

Sie sehen nur die .

Ihre werden groß,

ihre

stellen sich auf,

ihre zittern.

Gleich machen sie sich

in die .

Sie werfen sofort

allen

und alles

auf das .

Dann fahren die

mit ihrem

ganz schnell weg.

Das passiert

dem kleinen ständig.

Wie dumm,

denkt der kleine .

Sein ist schon randvoll

mit und .

Er will nicht

noch mehr davon.

Er will , und !

Der kleine legt sich wieder in die .

Da kommt wieder ein .

Das andere

ist auch ein .

Was nun?, denkt der kleine .

„Gib mir dein !",

brüllt der andere ihn an.

„Hast du einen ?",

fragt der kleine empört.

„Ich bin auch ein .

Mich kannst du

nicht ausrauben."

„Ach so",

sagt der andere .

„Entschuldigung."

Dann fährt der andere

mit seinem weiter.

gehabt,

denkt der kleine .

Beim nächsten

ruft der kleine wieder:

„Anhalten!"

Ein steht am .

„Ich habe kein

und keinen ",

ruft das .

Der kleine sagt:

„Ich habe genug

und !

Hast du eine ?

Vielleicht auch

ein Stück ?

Oder einen ?

Ich gebe dir auch was

von meinem ."

Das heißt Lena .

 traut ihren   nicht.

Aber ihre

stehen nicht hoch

und ihre

zittern nicht.

 sieht nicht aus,

als wenn sie sich

gleich in die macht.

Nur ihre 👁 👁 sind groß.

Doch das sieht hübsch aus,

findet der kleine 🧒.

Der kleine springt

mit einem Satz auf ihr .

„Du willst mir dein

und deinen geben?",

fragt erstaunt.

„Du bist doch ein .

Warum wirfst du mich

nicht ins 〰️

und isst dann meine 🌭 auf?"

„Das wäre

doch nicht nett",

sagt der kleine .

„Warum hängst du

keine ins

und fängst dir einen ?",

fragt .

„Ich esse ,

wenn die scheint.

Ich esse 🐟 ,

wenn der 🌙 scheint.

Ich mag keine 🐟🐟 mehr essen",

seufzt der kleine .

„Warum gehst du nicht an

und kaufst dir

ein halbes ?", fragt .

„Das geht nicht",

sagt der kleine .

„Ich wurde

auf dem geboren.

Ich lebe

auf einem .

An werde ich seekrank.

Mein kribbelt.

Ich werde grün im .

Mir wird übel."

„Ach so. Das ist ja blöd",

sagt .

geht in ihre .

An der

hängen .

Im liegt .

Auf dem

steht ein .

Im liegt .

Die sind voll mit .

Es gibt und ,

und ganz viele .

Alles ist voll.

Denn ist auch

immer hungrig.

kocht für den kleinen

eine aus .

Danach gibt es

 mit und .

Und hinterher macht

einen .

Der kleine isst,

bis er fast platzt.

Es gefällt ihm sehr bei .

Der kleine bleibt

auf Lenas ,

bis der scheint.

Dann kocht er.

Erst macht er

einen .

Dann gibt es mit .

Hinterher einen .

Bis fast platzt.

Danach spült der kleine

das ab.

Und er räumt die auf.

Er ist wirklich ein netter .

und der kleine

legen sich in die .

Sie schlafen,

bis die sie aufweckt.

Dann ist es Zeit

für und frische .

Die Wörter zu den Bildern:

Zuckerstange

Mast

Fernrohr

Männer

Augen

Haare

Knie

Piratenschiff

Brot

Vogel

Schwein

Mädchen

Kuchen

Lena

Ohren

Würstchen

Angel

Fisch

Mond

Fische

Bauch

Gesicht

Küche

Decke

Regal

Tisch

Schrank

Schubladen

Bonbons

Bananen

Äpfel

Salat

Möhren

Suppe

Gemüse

Kartoffeln

Pudding

Nudeln

Tomatensoße

Geschirr

Hängematten

Cornflakes

Milch

Katja Königsberg

Der Frosch auf dem Fahrrad

Mit Bildern von
Susanne Schulte

Im

vor der großen

lebt ein freundlicher .

Wenn die scheint,

sitzt der

oben auf der

und fängt

mit seiner langen .

Manchmal spricht der 🐸

mit dem bunten 🐦,

der auf dem großen 🌳

neben dem ⛲ wohnt.

Einmal kommen drei ,

jedes mit einem .

Die fahren

immer wieder um den

und den herum.

Der sieht ihnen zu.

Seine   glänzen

und sein klopft.

Der seufzt:

„Ich will auch

ein !"

Das hört der bunte 🐦

oben auf dem 🌳.

Der 🐦 spreizt die 🪶

und reißt seinen 👄 auf:

„Haha – ein 🐸

auf dem 🚲!"

Bald lehnen die

ihre

an den

neben dem .

Ein blondes

mit einer gelben

und mit einer blauen

holt einen dicken

aus dem .

Die werfen den 🟢

hin und her.

Aber ein 👦 schießt ihn –

oh weh! – in den .

Das läuft hin.

Aber ihre können

den nicht erreichen.

Da weint das .

Der fragt:

„Soll ich dir

deinen

aus dem holen?"

Das nickt erfreut.

Der sagt:

„Dann will ich für den

aber dein !"

Wieder nickt das .

Der verlangt:

„Gib mir die drauf!"

Das gehorcht.

Da springt der

ganz schnell in den

und holt

den heraus.

Das lacht

und greift nach dem .

Aber der ruft:

„Küss mich zuerst!"

Pfui! Das bekommt

eine -Haut.

Es macht die 👁 👁 zu,

spitzt die

und küsst schnell den

auf sein breites 🐸.

Im selben -Blick

ist der

so groß

wie das .

Die erschrecken

und laufen schreiend davon.

Der bunte

oben auf dem großen

sträubt seine .

Der aber

schwingt sich aufs .

Schon biegt der

um die .

Er fährt

zum hinaus,

durch ,

über

Sein klopft.

Seine strahlen.

Sein gefällt ihm!

Aber die steigt höher

und brennt dem armen

heiß auf seinen .

Die tun ihm weh.

Der hält an.

Müde legt er das

ins hohe

und hockt sich

auf eine .

Ein fährt vorbei.

Auf einem blauen !

Da macht der

große 👁 👁 .

Der bremst

und setzt sich

zum 🐸

auf die 🪑 .

Er schenkt ihm einen .

Der fragt:

„Gefällt dir mein ?"

Der lacht und nickt.

Der sagt:

„Ich gebe dir das

für deinen schönen ."

„Gut!", meint der

und steigt auf das .

Der winkt ihm nach.

Dann nimmt er den und

flitzt über die .

Unterwegs trifft der

einen lustigen .

Einen sehr großen !

Der läuft nämlich auf .

„Hallo, !",

sagt der und winkt.

„Willst du meinen

für deine ?"

Der ist einverstanden.

Sofort steigt der

auf die

und ist so groß

wie ein .

Leider gefallen dem

die nicht lange.

Er schwankt mühsam

über die breite .

Diese sind blöd!,

denkt der .

Der

war viel besser.

Und das auch!

Plötzlich stolpert der

über einen großen

und fällt ins .

Dort findet ihn ein .

Der trägt oben

einen

und unten .

Dem gefallen

vor allem die .

„Warum liegst du im ?",

fragt der .

„Wegen der blöden ",

antwortet der .

„Oh, ich hätte gern !",

sagt der 🎩 und seufzt.

„Wenn ich 🪜 hätte,

könnte ich ohne 🪜

in jeden 📦 gucken."

Der 🐸 lacht.

„Nimm du dir doch die 🪜

und gib mir

die 🛼!"

Gleich schnallt der seine ab

und geht auf den weiter.

Der aber

zieht die neuen an.

Schnell wie der

saust der .

Links bleiben die ,

rechts die zurück.

Endlich kommt der

an einen .

Viele kleine fahren

auf dem

hin und her.

Ein einziges

liegt noch am .

Ein steht daneben.

„Gib mir bitte dein

für meine !",

bettelt der .

Hurra, schon sitzt er

im

und rudert über den !

Die fliegen nur so

durch die .

Leider kentert das

und der zappelt im .

Alle lachen ihn aus.

Zerknirscht zieht der

das an den .

Zum damit!

Doch wer steht da am ?

Der mit dem !

„Gib mir mein zurück!",

ruft der .

„Du kriegst dafür

das ."

Der hat

längst alle verteilt.

Er braucht kein mehr.

Also nimmt er das .

Der aber steigt

vergnügt auf das

und tritt in die .

Er will jetzt

schnell nach !

Da ist auch schon der !

Und oben auf dem

kreischt der bunte :

„Der kommt wieder!

Auf dem !"

Unter dem großen aber

stehen die drei

und lachen

übers ganze .

Der gibt dem

das zurück.

Gleich holt das

den dicken und ruft:

„Spiel mit uns, !"

Der freut sich sehr.

Ja, spielen

ist besser

als fahren!

Die Wörter zu den Bildern:

Brunnen

Kirche

Frosch

Sonne

Mauer

Fliegen

Zunge

Vogel

Baum

Kinder

Fahrrad

Augen

Herz

Flügel

Schnabel

Fahrräder

Mädchen

Jacke

Hose

Ball

Rucksack	Wald
Junge	Stock
Hände	Stein
Hand	Kopf
Gänse	Beine
Lippen	Gras
Maul	Bank
Federn	Briefträger
Ecke	Roller
Dorf	Apfel
Feld	Straße

Clown

Stelzen

Schornsteinfeger

Zylinder

Rollschuhe

Leiter

Schornstein

Blitz

Häuser

Bäume

See

Boote

Boot

Steg

Mann

Ruder

Wellen

Teufel

Briefe

Pedale

Haus

Gesicht

Heidemarie Brosche

Der Zauberer aus Badeschaum

Mit Bildern
von Silke Voigt

Svenja steht vor der .

In der hält sie

eine wunderschöne,

bunt bemalte .

„Badeschaum" steht darauf.

„Badeschaum für ".

 hat die

von Oma

bekommen.

„Damit du lieber

in die 🛁 gehst!",

hat gesagt.

 mag nämlich

nicht gerne in die 🛁.

Sie mag das viele 🌊 nicht.

Sie mag nicht,

wenn ihre 👱 nass werden.

Sie mag nicht,

wenn es in den 👀 brennt.

hält die

ganz fest.

Sie schraubt den ab.

Sie dreht die um.

Sie drückt auf die .

Da macht es BLUBB.

Aus der

kommt ein großer .

Ein riesengroßer .

Er fällt direkt ins .

„Huch", schreit erschrocken.

Dann zieht sie ihre aus

und ihren .

Dann die ,

das

und die .

Jetzt muss

schnell noch mal aufs .

schaut zur .

Was ist denn das?

Aus der

wächst etwas.

Etwas Riesengroßes.

Ein riesengroßer .

Ein aus .

So viel

hat noch nie gesehen.

beeilt sich

auf dem .

Dann rennt sie zur

und dreht den zu.

 überlegt:

Soll sie die mitnehmen?

Und das ?

Und die drei ?

Lieber nicht, denkt .

Die haben heute

in dem vielen

gar keinen Platz.

Vorsichtig klettert

in die .

Erst taucht sie einen

in den aus .

Dann rutscht

langsam in die .

Mit ihren patscht

auf den aus .

steckt ihre

ein Stück in den .

Sie sieht viele .

Wahnsinnig viele .

Manche sind groß

und manche sind winzig.

Die schimmern

in den

des .

Sie sehen aus wie kleine .

 versucht die ●●●

in die ✋ zu nehmen.

Doch die ●●● zerplatzen.

lehnt sich

an den .

Sie hebt ihren .

Sie bohrt mit ihrem

ein in den .

Eine richtige .

Da hört plötzlich

eine Stimme.

„Au! Wer tritt mich da?",

ruft die Stimme.

 wundert sich: „Nanu?

Ein , der spricht?

Ich glaube, meine spinnen."

Da kitzelt sie etwas

an der .

zieht ihren

aus dem .

Verblüfft schüttelt sie

den .

Auf ihrem

sitzt ein kleiner

mit einem großen .

 reibt sich die .

Das gibt's doch nicht!

„Ich wollte gerade zaubern",

sagt der kleine .

„Du hast mich gestört."

 reißt ihre auf.

Sie starrt auf den kleinen .

„Wer bist du?",

will wissen.

„Der Zauberer BLUBB ",

sagt der kleine .

„Der ?", fragt .

„Du hast ja gar kein dickes ."

„BLUBB" macht der .

„Ich brauche kein .

Ich zaubere nur mit BLUBB."

Der ist plötzlich

an der des .

Mit dem nach unten.

„Siehst du", sagt der ,

„ich zaubere mit BLUBB."

„BLUBB" macht der wieder.

Da hat auf einmal

ein aus an.

Das glitzert

wie tausend .

„Ich muss zurück in den ",

sagt der .

„Schade", sagt .

„Willst du mit?",

fragt der .

„Au ja", ruft .

„Aber wie komme ich dahin?"

Der nimmt

an die .

Er ist plötzlich groß.

So groß wie .

Auch der ist auf einmal

riesengroß.

Oder ist geschrumpft?

und der

kriechen durch einen .

Am Ende des

öffnet der

eine .

Sie treten in eine .

Darin blitzt und funkelt es.

Es schimmert in den

des .

🧒 reibt sich die 👀.

„Dein 🏔☀ ist wie ein 🏰",

sagt sie, „so schön."

„Wart ab", sagt der 🐑.

Er macht: „BLUBB."

Da steht ein 🪑

in der 🏞.

„BLUBB!"

Jetzt stehen zwei 🪑🪑 da.

„BLUBB!"

Ein und eine

stehen in der .

„Bedien dich", sagt der .

schaut in den .

Im sind viele schöne .

Sie setzt sich an den .

Auf dem

liegen und .

Sie schaut in die .

Die ist voller .

„Du bist toll, ",

sagt .

Der und spielen mit den .

Sie schauen die an.

Sie essen die

und die .

wird langsam müde.

Ihr fallen fast die zu.

„BLUBB", sagt der .

Plötzlich sitzt

in einer riesengroßen .

Die fängt an zu schweben.

Vorbei an dem ,

dem

und an der .

Vorbei an dem .

Sie schwebt durch die

und durch den .

„Halt!", schreit .

„Ich will nicht weg."

„Du musst nicht weg",

sagt Mama ,

„nur raus aus der ."

„Ach !", sagt traurig.

„Der

ist auch schon weg",

sagt .

trocknet sich

mit dem großen ab.

Sie zieht ihren an

und geht ins .

Doch plötzlich steht

noch mal auf.

Sie holt die mit Badeschaum

und nimmt sie

mit ins .

Die Wörter zu den Bildern:

Svenja

Badewanne

Hand

Flasche

Kinder

Oma

Wasser

Haare

Augen

Deckel

Tropfen

Hose

Pullover

Socken

Unterhemd

Unterhose

Klo

Berg

Schaum

Regenbogen

Wasserhahn

Seifenblasen

Ente

Badewannenrand

Segelschiff

Eimer

Loch

Fuß

Höhle

Hände

Ohren

Nase

Zehe

Kugeln

Kopf

Farben

Mann

Hut

Zauberer BLUBB

Zauberbuch

Decke

Badezimmer

Kleid

Edelsteine

Tunnel

Tür

Schloss

Tisch

Stühle

Schrank

Truhe

Bücher

Salzstangen

Bonbons

Spielsachen

Seifenblase
Mama
Handtuch

Schlafanzug
Bett

Silke Voigt

Der kleine Tiger findet einen Freund

Mit Bildern von der Autorin

Das ist der kleine .

Er heißt Ben und wohnt

mit seiner Mama

in einem

im .

 will spielen.

Aber hat keine Lust.

 liegt in der

und blinzelt mit einem .

tapst durch den .

Nanu, denkt ,

die vom ist offen!

 schaut zu seiner .

 hat die zu.

Hops! springt

aus dem .

 läuft über die

auf den .

Vorbei an einer ,

einem und einer ,

bis zu einem anderen .

Hier wohnen die .

 schaut neugierig

durch das .

Er entdeckt .

Die spielen miteinander.

 möchte mitspielen.

Aber die zwicken

nur in den und rufen:

„Geh weg, du .

Du hast auf deinem !

Du passt nicht zu uns."

Enttäuscht geht weiter.

kommt zu den .

Er freut sich,

denn die

haben auch !

 klettert auf den .

Aber die laufen davon.

Das versteht nicht.

Ein pfeift vom :

„Die haben Angst!

Vor deinen spitzen 🦷🦷!"

Traurig springt 🦁 ins 🌿.

geht weiter.

Er kommt zu einem

mit und einem .

Darin baden dicke .

Auf dem liegt ein

in der .

„Die haben aber große 🦷🦷!",

staunt .

„Ihr habt bestimmt keine Angst

vor meinen 🦷🦷!"

klettert auf den .

Huch, ist der glatt!

Plumps.

 fällt ins .

Schnell paddelt er zum

und klettert hinauf.

Jetzt ist sein klatschnass.

„Der ist ja wasserscheu!",

rufen die .

kommt zu den .

Da stehen 3 graue .

Mit ihren langen

schlürfen sie

aus dem .

macht es den nach.

„Pfui!", prustet beleidigt.

Nun hat er und

in der .

Vom hat er jetzt genug!

Nanu, denkt 🐯, wer wohnt

in so einem hohen 🔲 ?

Ach so, die

mit ihren langen .

schaut hinauf.

So hoch kommt man nur

mit der

von der 🚒!

Die 🦒 knabbern 🍃

von den hohen 🌳.

Sie beachten gar nicht.

So viele langweilige !

Enttäuscht trottet 🐯 weiter.

Da landet ein

auf der von .

„Hatschi!", niest .

Der hat gelbe .

„Wer bist denn du?", fragt .

„Ich bin ein -Falter",

flüstert der .

 sagt: „Oh,

du kannst falten? Toll!"

„Spielst du mit mir?", fragt 🐯.

„Ja", sagt der 🦋. „Fang mich!"

Schon flattert der 🍋-Falter

flink über die 🌱 zum 🪵.

Vom 🪵 auf die 🪑.

Dann in den

und schließlich in den .

 springt dem hinterher.

guckt in die

und läuft vor eine .

„Blöde !

Das gibt eine ",

jammert .

„Hihihi!", lacht der

und fliegt hinauf zur .

Traurig schaut

dem nach.

Niemand spielt mit 🐯.

Armer 🐅!

Sein 👤 tut weh,

die 🐾 auch.

🐯 will zu seiner 🐅.

Müde tapst

durch den .

Er kommt zu einem .

In den hängen .

Das ist das .

Hier sitzen Tante Olga

und Julia an einem

und essen heiße

mit und .

hat einen braunen an.

 Einen braunen mit .

 Der sieht fast aus

 wie das von einem .

 Das findet auch.

 Er denkt sofort an seine

 und springt auf den .

 „Ein !",

 ruft entsetzt.

Sie lässt ihre ☕ fallen

und schreit: „Hilfe, ein !"

Der fällt um.

 und purzeln

unter den .

 ruft:

„Oh, was für ein süßer !

So ein kuscheliges

mit so schönen !"

nimmt

auf den .

steht auf und klopft sich

den vom .

„Darf ich den behalten?",

bettelt .

„Oh nein!", ruft .

„Ein wird so groß

wie ein .

Der bleibt hier im !

Wir bringen ihn zum !"

 hält fest im .

hat keine Angst.

Es ist schön bei .

 deckt vorsichtig

mit ihrer zu.

Dann bringen und

 zum

Als

endlich wieder

bei seiner ist,

verspricht ihm

morgen wiederzukommen.

 streichelt und sagt:

„Lass uns werden!"

 nickt müde,

dann fallen ihm die zu.

Die Wörter zu den Bildern:

Tiger

Ben

Mama

Käfig

Zoo

Sonne

Auge

Tür

Augen

Wiese

Weg

Mauer

Papierkorb

Bank

Leoparden

Gitter

zwei

Schwanz

Leopardenkinder

Schwimmbecken

Streifen

Wasser

Fell

Felsen

Zebras

Seelöwen

Zaun

Seelöwe

Spatz

Elefanten

Ast

drei

Zähne

Riesen

Gras

Rüssel

Wassergraben

Sand

Nase

Giraffen

Hälse

Leiter

Feuerwehr

Blätter

Bäume

Beine

Schmetterling

Flügel

Zitronen

Baum

Himmel

Wolken

Laterne

Beule

Kopf

Pfoten

Äste

Lichterketten

Zoocafé

Tante Olga

Julia

Tisch

Waffeln

Sahne

Kirschen

Mantel

Schoß

Tasse

Stuhl

Arm

Po

Auto

Direktor

Jacke

Freunde

Doris Arend wollte als Kind Seeräuberin werden oder Raubtiere im Zirkus bändigen. Aber dann entdeckte sie ein anderes Abenteuer: Sie fliegt mit dem Flugzeug rund um die Welt und zähmt währenddessen die Passagiere. Und wenn sie mal zu Hause ist, dann schreibt Doris Arend mit großem Vergnügen Kinderbücher. Im Leseraben sind von ihr u. a. „Das tollste Pony der Welt" und „Adventsgeschichten" erschienen.

Heidemarie Brosche lebt mit ihrem Mann und drei Söhnen in Friedberg bei Augsburg. Von Beruf Lehrerin, fing sie nach der Geburt ihrer Kinder zu schreiben an – vor allem Bücher für und über Kinder. Im Leseraben sind von ihr die „Gespenstergeschichten" erschienen.

Katja Königsberg war nach ihrem Studium der Germanistik, Anglistik und Kunstgeschichte für verschiedene Verlag tätig. Nach der Geburt ihres Sohnes Leon schrieb sie mehrere Bände für den Leseraben, darunter die Bücher von „Maja und Möhrchen", „Das Gespenst auf dem Dachboden" und „Schulhofgeschichten". Sie lebt heute in Köln und arbeitet für einen Hörbuchverlag.

Susanne Schulte wollte nicht den Rest ihres Lebens Schaufenster dekorieren. Deshalb machte sie ihr Hobby zum Beruf: Sie studierte Grafikdesign und zeichnet nun schon seit vielen Jahren, besonders gerne Kinderbücher. Und wenn sie mal nicht malt, dann radelt sie mit ihrem Sohn fröhlich in Münster herum. Für den Leseraben hat sie u.a. „Das tollste Pony der Welt" und „Mein lustiges Bären-ABC" illustriert.

Silke Voigt wurde in Halle an der Saale geboren. Sie hat zunächst an der Kunsthochschule Burg Giebichenstein in Halle und später in Münster Grafikdesign studiert. Seit 1996 arbeitet sie als freiberufliche Illustratorin. Für den Leseraben hat sie schon zahlreiche Bücher illustriert, darunter die „Pferdegeschichten" und „Timmi in der Hexenschule". Sie lebt mit ihrem Mann und ihren beiden Kindern in Welver.

Ravensburger Bücher

Leserabe

1. Lesestufe für Leseanfänger ab der 1. Klasse

ISBN 978-3-473-**36204**-2   ISBN 978-3-473-**36389**-6   ISBN 978-3-473-**36322**-3

2. Lesestufe für Erstleser ab der 2. Klasse

ISBN 978-3-473-**36325**-4   ISBN 978-3-473-**36372**-8   ISBN 978-3-473-**36395**-7

3. Lesestufe für Leseprofis ab der 3. Klasse

ISBN 978-3-473-**36329**-2   ISBN 978-3-473-**36259**-2   ISBN 978-3-473-**36399**-5

Ich habe mein nächstes Buch schon gefunden. Und du?

www.leserabe.de